*Little People,* **BIG DREAMS**™

# AGATHA CHRISTIE

## en español

Escrito por
Maria Isabel Sánchez Vegara

Ilustrado por
Elisa Munsó

Traducido por Ana Galán

Frances Lincoln
Children's Books

La pequeña Agatha y su madre leían juntas todas las tardes. ¡Pero a ella siempre se le ocurría un final mejor para cualquier historia!

Ya en la cama, Agatha seguía leyendo
hasta quedarse dormida. Las novelas
policíacas eran sus favoritas.

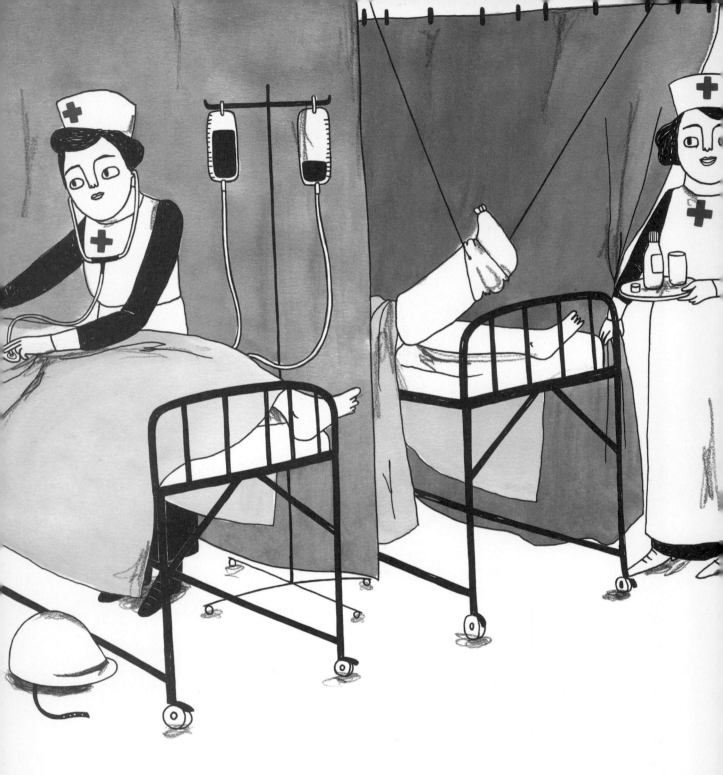

Al empezar la guerra, la joven Agatha tuvo que
dejar los libros de lado y ponerse a trabajar
en un hospital curando a los soldados heridos.

Pero la imaginación de Agatha no tenía límites. Como enfermera, aprendió sobre venenos y pociones tóxicas que podían utilizarse para que cualquiera persona tuviera un trágico final.

Después de la guerra, Agatha usó lo que había aprendido para escribir sus propias historias. Siempre empezaban con un asesinato misterioso. ¿Quién podría resolver esos crímenes tan horribles?

Agatha inventó un detective llamado Hercule Poirot que era capaz de resolver cualquier caso.

A la gente le fascinaba leer cómo Poirot resolvía un crimen tras otro. Agatha viajaba por todo el mundo con su máquina de escribir.

ORIENT EXPRESS

Cuando llegó a Medio Oriente,
se le ocurrió una historia que
Poirot no era capaz de resolver.

Así que inventó a la señorita Marple para que se hiciera cargo del caso. Más que un detective, parecía una abuelita... Pero Agatha sabía que las apariencias engañan.

Muy pronto, los lectores se aficionaron
a las historias de la señorita Marple
tanto como a las de Poirot. Las leían
antes de irse a la cama…

... y les fascinaba verlas en el teatro.

Agatha escribió más de cien libros.
¡y creó suficientes víctimas para llenar
un cementerio! Pero siempre estaba
pensando en su próxima novela policiaca.

Por suerte, la pequeña Agatha sabía que incluso el misterio más misterioso se puede resolver usando la imaginación.

# AGATHA CHRISTIE

(Nació 1890 • Murió 1976)

c. 1900                    1926

Agatha Christie nació en 1890 como Agatha Mary Clarissa
Christie, en Devon, Inglaterra. Durante la guerra, Agatha trabajó
de enfermera y dispensaba medicinas en un hospital. Utilizó sus
nuevos conocimientos sobre venenos para escribir sus novelas
policíacas. En 1919, un editor aceptó publicar su libro
*El misterioso caso de Styles*, su primera novela en la que aparecía
el famoso detective Hercule Poirot. Como ávida viajera, en 1922
recorrió todo el Imperio Británico. En 1928, inspirada por un
viaje en el tren Orient Express, escribió una de sus novelas más
famosas: *Asesinato en el Orient Express*. En 1925, Agatha creó su

1946                               1967

propio misterio cuando desapareció y la buscaron por todo el país. Eventualmente la encontraron sana y salva en un hotel. A medida que pasaba el tiempo, Agatha siguió escribiendo e inventó una entrañable investigadora, la anciana Srta. Marple. Agatha Christie fue la novelista más vendida de su época. Sus libros se han traducido a más de cien idiomas y su novela *Y no quedó ninguno* es uno de los libros más leídos de la historia. Con sus peculiares personajes, sus casos enigmáticos y sus historias llenas de giros y sorpresas, desafió las mentes de millones de lectores y se convirtió en la reina de las novelas de misterio.

¿Quieres aprender más sobre **Agatha Christie?**

Aquí tienes una recomendación:

*Me llamo… Agatha Christie* por Ferran Alexandri y Carles Arbat

Rebosante de inspiración creativa, proyectos prácticos e información útil para enriquecer su vida cotidiana, quarto.com es el destino favorito de quienes que persiguen sus intereses y pasiones.

Publicado por primera vez en Inglés en EE. UU. en 2017 por Frances Lincoln Children's Books,
Publicado por primera vez en Español en EE. UU. en 2023 por Frances Lincoln Children's Books,
un sello editorial de The Quarto Group. 100 Cummings Center, Suite 265D, Beverly, MA 01915, EE. UU.
T +1 978-282-9590 www.Quarto.com

Publicado por primera vez en España en 2016 bajo el título Pequeña & Grande Agatha Christie
por Alba Editorial, s.l.u. Baixada de Sant Miquel, 1, 08002 Barcelona, España
www.albaeditorial.es

ISBN  978-0-7112-8467-8

Impreso en Guangdong, China CC122022
9 8 7 6 5 4 3 2 1

Créditos fotográficos (páginas 28-29, de izquierda a derecha) 1. Agatha Christie de niña. c. 1900 © The Christie Archive Trust 2. Agatha Christie en 1926 © Bettman, Getty Images 3. Agatha Christie con su máquina de escribir en su casa de Devonshire, 1946 © Bettman, Getty Images 4. Retrato de la escritora de misterios Agatha Christie, 1967 © Underwood Archives, Getty Images

MIXTO
Papel | Apoyando la silvicultura responsable
FSC® C008047